METHODE FACILE
POVR APPRENDRE
A CHANTER LA MVSIQVE.

Par vn Maiſtre celebre de Paris.

A PARIS,

Par ROBERT BALLARD, ſeul Imprimeur du Roy pour la Muſique,
ruë Saint Iean de Beauuais, au Mont Parnaſſe.

M. DC. LXVI.

AVEC PRIVILEGE DE SA MAIE[STÉ.]

Ntre toutes les Methodes qui ont iamais paru iufques à prefent pour apprendre à chanter la Mufique, il n'y en a point de plus facile, de plus courte, de plus docte, & de plus certaine que cette Methode que l'on appelle la Methode du Si : & il faut renoncer à la raifon pour ne pas fe rendre aux preuues demonftratiues que l'on en fait, principalement en comparaifon de la commune & ancienne Methode que l'on appelle la Methode des Muances. En voicy la preuue conuaincante : Pour exprimer les fons differents de la Mufique il eft iufte de leur donner differents noms ; or eft-il qu'il y a 7 fons differents dans la Mufique : donc il doit y auoir 7 differents noms. Et par confequent il y a de l'abus & du defaut à l'ancienne Methode qui admet 7 sons, & n'admet que 6 noms, & qui donne à vn mesme son plusieurs noms, & à differents sons le mesme nom. Par exemple en C sol vt fa, par ♭ mol c'est tantost vn sol tantost vn vt, par ♮ quarre tantost vn vt tantost vn fa, quoy que ce soit le mesme son : le mi d'E mi la est different du mi de B fa ♮ mi & cependant ces deux sons n'ont que le mesme nom : mais ce qui est le plus difficile ce sont les 8 sortes de Muances, car pour monter par ♭ mol tantost on dit fa sol ré, tantost fa ré mi; pour descendre par ♭ mol tantost on dit fa la sol, tantost fa mi la; pour monter par ♮ quarre tantost on dit fa ré mi, tantost fa sol ré; pour descendre par ♮ quarre tantost on dit fa mi la, tantost fa la sol: enfin c'est tantost le sol tantost le la qu'il faut changer en ré pour monter, c'est tantost le mi tantost le ré qu'il faut changer en la pour descendre; ce qui cause vn embarras estrange : & toutes ces difficultez, tous ces abus, tous ces excez & tous ces defaux, sont ostez par la Methode du Si, qui admet autant de noms que de sons, qui rejette toutes ces

A ij

Muances comme eſtant non ſeulement inutiles mais abuſiues, les meſmes ſons ont les meſmes noms, differents ſons ont differents noms, y a t'il rien de plus raiſonable? Reſponde à cela qui pourra? mais par eſcrit & clairement; car il n'y a rien de plus facile que de dire generalement, cela ne vaut rien, comme font certains critiques qui ne donnent aucune raiſon de ce qu'ils condamnent, & ont la preſomption de vouloir faire paſſer leurs paroles pour des arreſts irreuocables. S'ils ont de la raiſon, qu'ils en vſent, & aduoüent ſincerement que la Methode du Si eſt la plus facile, la plus courte, la plus docte, & la plus certaine.

METHODE FACILE
POVR APPRENDRE A CHANTER
LA MVSIQVE.

LEs Principes de la Mufique font eftablies fur la diuerfité des fons, & fur la varieté des figures. Ce font fes
deux parties, la diuerfité des fons regarde l'Intonation,
& la varieté des figures regarde la mefure.

Quant à la premiere partie, la Mufique ne differe en
rien du Plainchant, parce que l'Intonation eft la mefme, ce font les
mefmes fons, les mefmes Interualles, en vn mot le Plainchant eft la
premiere partie de la Mufique; & quand on aura apris cette premiere
partie, on ne fçaura juftement que le Plainchant.

Il y a 7 fons differents dans la Mufique & principaux, tous les autres fons qui fe peuuent eftendre plus haut & plus bas ne font que les

repliques de ceux-cy. Leur difference essentielle s'exprime par la voix, & leur difference accidentelle se remarque par le nom.

Puis donc que ces 7 sons sont tous differents, il est bien raisonable de leur donner 7 differents noms, à sçauoir vt ré mi fa sol la si, lesquels noms s'appliquent & se prononcent sur les notes en voulant exprimer par la voix ces differents sons, & c'est pour cela que ces sons nommez par la voix s'appellent ordinairement Voix.

Il y a donc 7 Voix, dont voicy l'ordre en montant, & en descendant.

En montant	Si La Sol Fa Mi Ré Vt	*En descendant*

Lesquelles se redoublent en montant & en descendant selon & à proportion que les Notes montent ou descendent, en recommançeant par l'Vt apres le Si en montant, & en reprenant le Si apres l'Vt en descendant, & les autres Voix consecutiuement, esleuant ou abaissant la voix selon les differents degrez ou sont situées les Notes. Ce qui ne se peut exprimer & connoistre parfaitement qu'en chantant: remarquez seulement en passant que d'vne Voix à l'autre prochaine il y a vn Ton, excepté que du Mi au Fa & du Si à l'Vt il n'y a qu'vn demy Ton.

Pour donner entrée à ces Voix il y a trois Clefs qui se mettent au commancement de chaque ligne, à sçauoir la Clef de Sol, celle d'Vt, & celle de Fa, ainsi appellées pource que sur la regle ou est située la Clef de Sol on dit toûjours vn Sol (c'est à dire sur toutes les Notes qui se rencontrent sur la mesme regle de la Clef de Sol,) & sur la regle de la Clef d'Vt on dit toûjours vn Vt, & sur celle de Fa toûjours vn Fa: & dela on procede aux autres Voix consecutiuement & selon les differents degrez ou sont situées les Notes, lesquels degrez se distinguent par les regles & les espaces ou les notes peuuent estre assises.

DEMONSTRATION DES TROIS CLEFS,
de leur differente pofition, & des Voix qui en procedent.

Clef de Sol.   Clefs d'Vt.   Clefs de Fa.

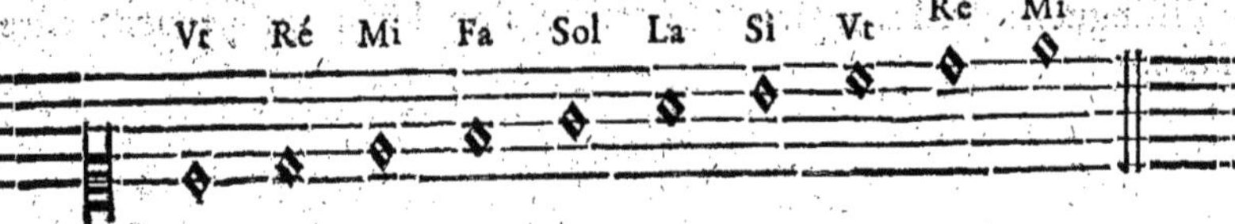

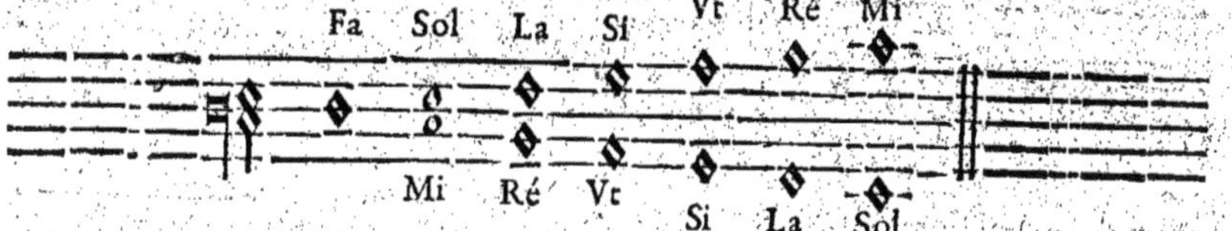

POur commancer d'entoner il faut chanter les Notes par degrez conioints ou proches, ainsi.

POur entoner les Notes par degrez disioints ou esloignez, il faut auparauant chanter toutes les Notes qui se peuuent rencontrer entre lesdites Notes esloignées, & c'est ce qu'on appelle dire l'Interualle, puis reprendre les Notes extrémes : comme on peut voir aux Exemples cy-dessous ou les Interualles sont marquées par des Notes noires.

B

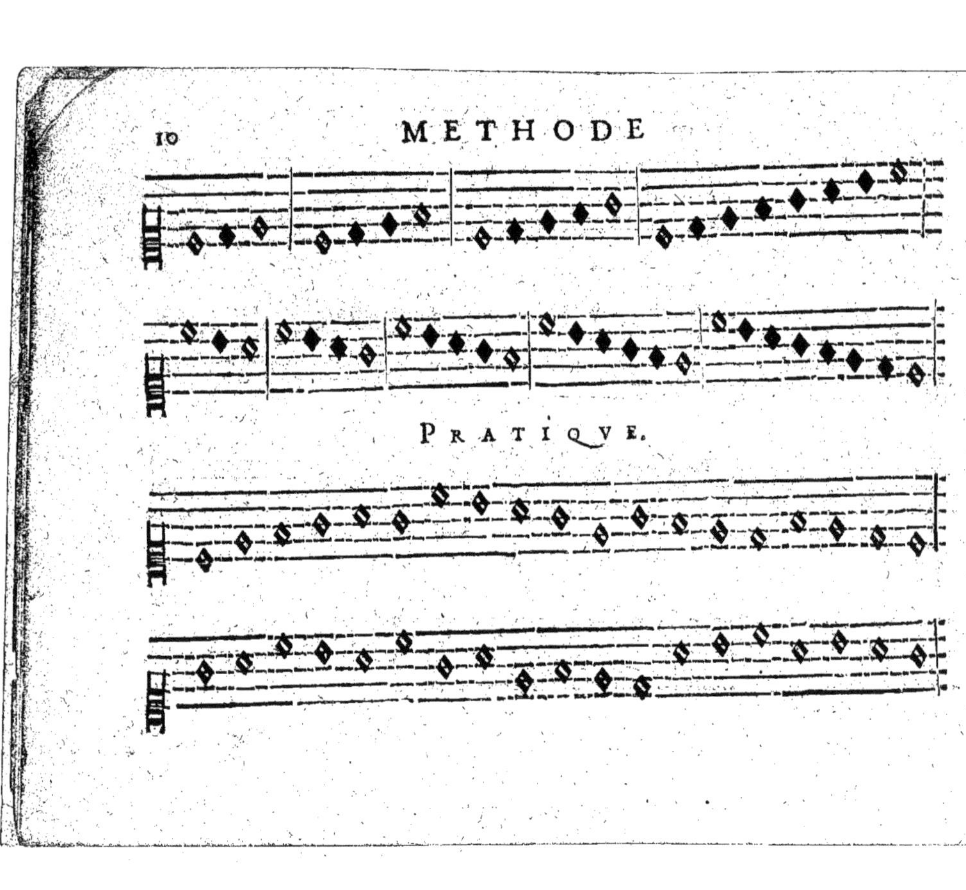

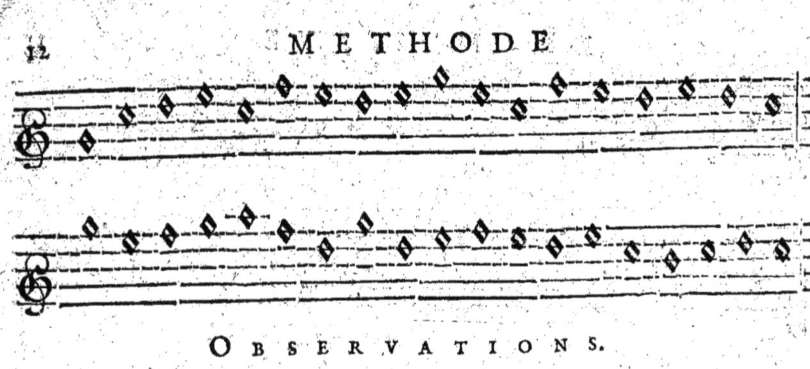

OBSERVATIONS.

Qvand vers le milieu de la ligne ou enuiron, & non tout proche la
Clef, il y a vn ♭ que l'on appelle b mol, il faut changer le premier
Si suiuant en Fa que l'on appelle Fa feint, l'entonant vn demy-ton plus
bas que le Si, ce qui ne se peut exprimer qu'en chantant. Exemple.

QVand il y a vn Diese fait ainsi ✕ deuant ou deſſus ou deſſous vne Note, pour lors il faut entoner ladite Note vn demy-ton plus haut, en faiſant ordinairement le tremblement. Exemple.

QVand il y a vn b quarre fait ainsi ♮ deuant vn Fa, il doit auoir le meſme effet que le Dieſe.

Remarquez que le ♭ mol ſert pour toutes les Notes qui le ſuiuent immediatement en meſme degré, & ainſi le ♮ quarre & le Dieſe.

OBSERVATION DV CHANT
par ♭ mol.

IL y a 2 ſortes de chant que l'on appelle le chant par ♭ mol & le chant par ♮ quarre. Le chant par ♮ quarré eſt celuy dont nous venons de traiter. Mais le chant par ♭ mol c'eſt quand tout proche la Clef on marque vn ♯ ſur le degré du Si : & pour lors il faut prendre ce degré du ♯ comme ſi c'eſtoit la Clef de Fa , & par conſequent dire Fa ſur ce degré, & delà proceder aux autres Voix ſelon l'ordre ordinaire, ſans ſe mettre en peine de la Clef, qui pour lors eſt dominée du ♯ mol, ainſi.

Quand

QVand on sçait chanter parfaitement toutes ces Notes, on peut s'exercer dans quelque Liure de Musique ou de Plainchant, & ne point faire application de la lettre, que l'on ne soit fort asseuré de la Note à Liure ouuert.

PPlusieurs adjouftent (& à bon droit) la Gamme fuiuante, ou l'on peut voir que chaque Lettre a ses deux Voix, l'vne de ♭ mol, l'autre de ♮ quarre: ce qui eft vne mefme chofe auec la Methode precedente; feulement on dit la Clef de C fol vt, celle de G re fol, & celle d'F vt fa, & delà on procede aux autres degrez fuiuant l'ordre de cette Gamme.

C

LETTRES.	Voix de ♮ moi.	Voix de ♮ quarre.
E	ſi	mi
D	la	ré
C	ſol	vt
B	fa	ſi
A	mi	la
G	ré	ſol
F	vt	fa

Clef

Clef

Clef

POur ce qui eſt de la meſure, il n'y a pas petite difficulté à la bien pratiquer, car il faut battre également tous les temps de la meſure en chantant les Notes qui doiuent reſpondre exactement ſelon leur valeur auſdits temps de la meſure, & c'eſt la meſure qui doit diriger la voix, & non pas la voix qui doit regler la meſure.

Ordinairement l'on admet 6 ſortes de meſure, marquez par 6 ſortes de Signes que l'on met au commancement de chaque piece apres la Clef : à ſçauoir le Signe majeur, le Signe mineur, le Signe binaire, le Signe trinaire, le Signe de triple ſimple, & le ſigne de triple double.

Le Signe majeur fait ainſi 𝄴 ſignifie que la meſure ſe doit battre à 4 temps grauement, c'eſt à dire deux temps en frappant, & 2 temps en leuant.

Le Signe mineur ¢ marque la meſure à 2 temps graues, l'vn en frappant, l'autre en leuant : ou à 4 temps viſtes.

Le Signe binaire 2 denote la meſure à 2 temps legers.

Le Signe trinaire ¢3 marque la meſure à trois temps lents, 2 en frappant, l'autre en leuant.

C ij

Le Signe de triple simple $\frac{3}{3}$ signifie la mesure à trois temps vistes.

Le Signe de triple double $\frac{3}{3}$ marque la mesure à trois temps lents, mais de plus diminüe toutes les Notes de la moitié.

Aux Signes de 4 temps, chaque temps se bat sur chaque quart de la mesure.

Aux Signes de 2 temps, chaque temps se bat sur chaque moitié de la mesure.

Aux Signes de 3 temps, chaque temps se bat sur chaque tiers de la mesure.

Il y a huit sortes de Notes, dont voicy la figure, le nom, & la valeur.

Nom.	Maxime.	Maxime.	Maxime.	Longue.
Valeur.	8 mesures.	4 mesures.	2 mesures.	vne mesure.

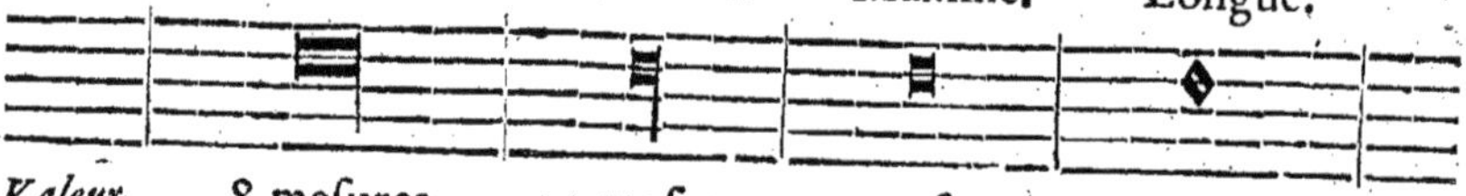

Nom.   Blanche.   Noire.   Croche.   Double Croche.

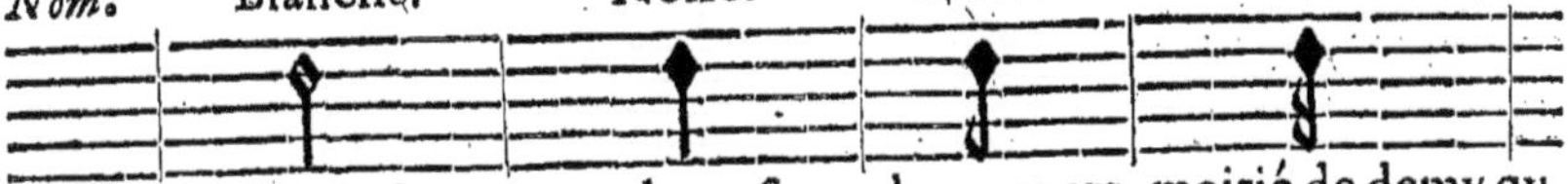

Valeur. Demy mesure. quart de mesure. demy quart. moitié de demy qu.

LE point augmente la Note precedente de la moitié autant que sa propre valeur, ainsi.

Vne mesure & demy.   3 quarts de mesure.   vn quart & demy quart.

IL y a 7 sortes de pauses ou de silence, dont voicy la figure, le nom, & la valeur.

Nom.   Baston.   Demy baston.   Pause.   Demy pause.

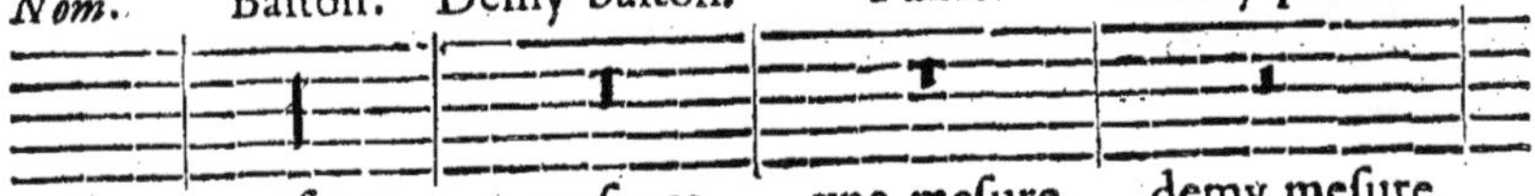

Valeur. 4 mesures.   2 mesures.   vne mesure.   demy mesure.

C iij

Soupir.　　　　　　Crochet.　　　　Double Crochet.

Quart de mesure.　　demy quart.　　moitié de demy quart.

REmarquez que toutes ces valeurs de Notes & de Pauses s'entendent aux Signes de 2 & de 4 temps: car aux signes trinaire & de triple simple, chaque mesure n'a que 3 noires ou la valeur; & au Signe de triple double, chaque mesure a 3 blanches ou la valeur.

Pour ce qui est des pauses, aux Signes trinaire & de triple simple, le baston vaut 4 mesures, le demy baston en vaut 2, la pause vne, la demy pause 2 temps, le soupir vn temps, & le reste à proportion : & au signe de triple double le baston vaut aussi 4 mesures, le demy baston 2, & la pause vne, mais la demy pause ne vaut qu'vn temps, le soupir demy temps, & le reste à proportion.

OBSERVATIONS.

QVand il y a deux Maximes qui fe tiennent fans queüe, chacune vaut fes 2 mefures ordinaires, mais quand la premiere a vne queüe, pour lors chacune ne vaut qu'vne mefure, ainfi.

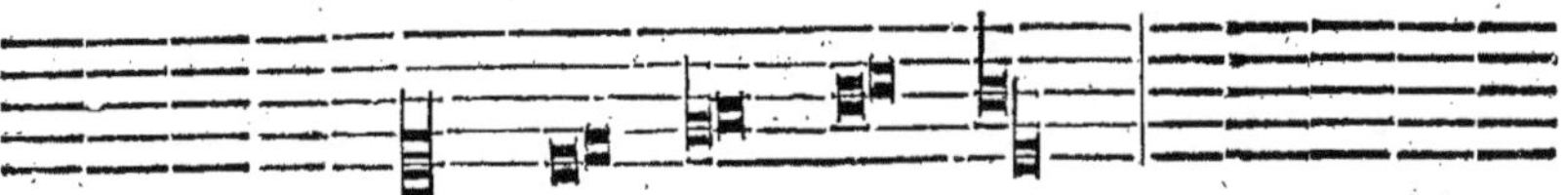

TOutes les noires qui fe tiennent font croches, & toutes celles qui fe tiennent doublement font double-croches, ainfi.

LA Tenüe faite ainfi ⌣ ou ⌢ marquée deſſus ou deſſous, ou entre 2 Notes fituées fur le mefme degré, fait tenir de la voix la feconde Note auec la premiere, comme fi ces 2 Notes n'en eſtoient qu'vne de la valeur defdites 2 Notes enfemble.

E X E M P L E.

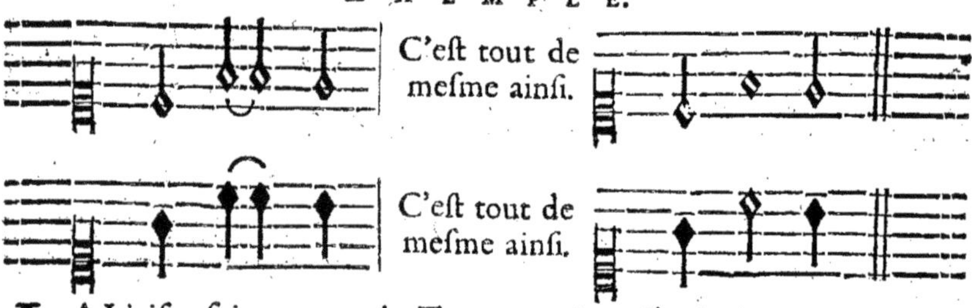

LA Liaiſon faite comme la Tenüe, mais poſée deſſus ou deſſous ou
entre 2 Notes ou pluſieurs, ſituées ſur differents degrez, fait con-
tinüer la meſme ſyllabe ſur toutes les Notes qui ſont liées de ladite
Tenüe, & ainſi des croches & double-croches liées ſeulement de leurs
crochets comme cy-deſſus.

Le guidon fait ainſi ᴛᴛ que l'on met à la fin de chaque ligne, marque le
degré ou doit eſtre ſituéé la premiere Note de la ligne ſuiuante.

Le point d'orgue 𝄐 marqué ordinairement deſſus ou deſſous la derniere
Note fait tenir ladite Note autant que l'on veut.

La marque de repétition 𝄍 fait reprendre à l'endroit ou elle eſt marquée.

PRATIQVE.

D

Apres tous ces Exemples on peut s'exercer amplement dans quelque
liure de Musique.

F I N.

EXTRAIT DV PRIVILEGE.

PAR LETTRES PATENTES DV ROY, données à Lyon le vingt-quatriesme jour d'Octobre, l'An de grace Mil six cens trente-neuf, & de nostre regne le trentiesme. Signées LOVIS, & plus bas, PAR LE ROY, DE LOMENIE. Scellées du grand sceau de cire jaune: Verifiées & Regiſtrées en Parlement le dix-septiesme Nouembre 1639. Par lesquelles il est permis à Robert Ballard, seul Imprimeur du Roy pour la Musique, d'imprimer, faire imprimer, vendre & diſtribuer toute sorte de Musique, tant vocale, qu'inſtrumentale, de tous Autheurs: Faisant defence à toutes autres personnes de quelque condition & qualité qu'ils soient, d'entreprendre ou faire entreprendre ladite Impreſſion de Musique, ny autre chose concernant icelle en aucun lieu de ce Royaume, Terres & Seigneuries de son obeïſſance: nonobſtant toutes Lettres à ce contraires: ny mesme de tailler, ny fondre aucuns Caracteres de Musique sans le congé & permiſſion dudit Ballard, à peine de confiscation desdits Caracteres & Impreſſions, & de six mile liures d'amende, ainsi qu'il est plus amplement declaré esdites Lettres. Sadite Majeſté voulant qu'à l'Extrait d'icelles mis au commancement ou fin desdits liures imprimez, foy soit adjouſtée comme à l'original.

9 782019 668303